LA SALLE

Uno de los primeros exploradores de Texas

Stephanie Kuligowski

Consultora

Devia Cearlock
Especialista en estudios sociales de jardín
de niños a 12.° grado
Amarillo Independent School District

Créditos de publicación

Dona Herweck Rice, *Jefa de redacción*
Conni Medina, *Directora editorial*
Lee Aucoin, *Directora creativa*
Marcus McArthur, Ph.D., *Editor educativo asociado*
Neri García, *Diseñador principal*
Stephanie Reid, *Editora de fotografía*
Rachelle Cracchiolo, M.S.Ed., *Editora comercial*

Créditos de imágenes

Tapa Newscom y Getty Images; pág. 1 Getty Images;
págs. 4–5 The Granger Collection; pág. 5 (lateral) LOC
[LC–USZ62–3329]; pág. 6 Lycée Corneille, Ruan; pág.
7 The Granger Collection; pág. 7 (lateral) Bridgeman
Art Library; pág. 9 (arriba) Getty Images; pág. 9 (abajo)
Getty Images; pág. 8 North Wind Picture Archives;
pág. 9 LOC [LC–USZ62–45558]; pág. 10 North Wind
Picture Archives; pág. 11 North Wind Picture Archives;
pág. 12 (arriba) North Wind Picture Archives; pág. 12
(abajo) Alamy; pág. 13 Alamy; págs. 2–3, 14 North Wind
Picture Archives; pág. 15 North Wind Picture; pág. 16
Bridgeman Art Library; pág. 17 (arriba) LOC [LC–D4–
22686]; pág. 17 (abajo) LOC [LC–USZ62–90556]; pág.
17 (lateral) iStockphoto; pág. 18 North Wind Picture
Archives; pág. 19 Associated Press; pág. 20 The Granger
Collection; pág. 21 Illinois Historical State Library; pág.
22 Associated Press; pág. 23 Louis XIV Collection; pág.
24 Bridgeman Art Library; pág. 25 North Wind Picture
Archives; pág. 26 The Granger Collection; pág. 27 North
Wind Picture Archives; pág. 28 Timothy J. Bradley; pág.
29 Newscom; pág. 32 LOC [LC-D4–22686]; todas las
demás imágenes de Shutterstock.

Teacher Created Materials

5301 Oceanus Drive
Huntington Beach, CA 92649-1030
http://www.tcmpub.com
ISBN 978-1-4333-7210-0
© 2013 Teacher Created Materials, Inc.

Tabla de contenido

La época de los descubrimientos................................. 4–5

Listo para la aventura 6–11

La primera expedición 12–15

La segunda expedición..16–21

Al fin, el éxito..22–23

Desembarco en Texas..24–27

Desenterrando la historia de Texas 28–29

Glosario.. 30

Índice.. 31

¡Es tu turno!.. 32

La época de los descubrimientos

René-Robert Cavelier, también conocido como Sieur de La Salle, nació en 1643. Se trataba de una época muy interesante en Europa. El continente se encontraba inmerso en un **renacimiento** cultural. Los artistas pintaban y esculpían obras magníficas. Los científicos realizaban grandes descubrimientos. Y los exploradores viajaban a tierras lejanas.

La Salle se crió en Ruan, Francia. Ruan era una ciudad con puerto sobre el río Sena. Los barcos pasaban por Ruan de camino a tierras lejanas al otro lado del océano Atlántico. Más de 1,000 barcos hacían escala en Ruan cada año.

Como todo niño que vive en una ciudad con puerto, La Salle vio a muchos marinos extranjeros. También oyó historias de aventuras en el Nuevo Mundo. Este "Nuevo Mundo" era Norteamérica. Ya había personas que vivían en Norteamérica. Pero esta tierra era nueva para los europeos. España, Inglaterra y Francia se habían anexionado tierras en la zona. Los franceses habían fundado Nueva Francia, el actual Canadá.

La Salle soñaba con Nueva Francia cuando era niño. Imaginaba un futuro lleno de aventuras y descubrimientos.

Samuel de Champlain

Ruan, Francia

Héroes reales

Cuando era pequeño, La Salle oyó hablar de las aventuras de los exploradores franceses en el Nuevo Mundo. Estos, como Samuel de Champlain y Jacques Cartier, se convirtieron en héroes para el joven La Salle.

Cambio de nombre

La Salle disfrutó de una infancia privilegiada. Su padre, Jean Cavelier, era un acaudalado comerciante de Ruan. La familia poseía varias propiedades. Una de ellas se llamaba *La Salle*. En aquella época era tradición en Francia que un hijo tomase el nombre de una propiedad familiar. Así fue como René-Robert Cavelier acabó siendo conocido como Sieur de La Salle o "señor de La Salle".

Listo para la aventura
Años de estudios

La Salle nació en una familia acaudalada. Por ello asistió a los mejores centros educativos de Francia. Estos eran los de los **jesuitas**. Los jesuitas eran una orden o grupo de sacerdotes católicos con estudios. Fundaban centros educativos y trabajaban como **misioneros**. Los misioneros enseñan sus creencias religiosas a otras personas.

La educación jesuita no era fácil. La jornada escolar iba del amanecer al anochecer. Los alumnos estudiaban la Biblia y otras materias. Muchos aprendían siete idiomas: francés, hebreo, griego, latín, árabe, español e italiano.

el colegio de la infancia de La Salle

misionero jesuita en Nueva Francia

Buenos centros educativos

Los centros jesuitas son famosos por sus completos programas. Enseñan literatura, filosofía, ciencias, humanidades e idiomas. Hoy hay universidades jesuitas en más de 20 países.

Ignacio de Loyola

Padre fundador

Ignacio de Loyola fundó la Compañía de Jesús en 1534. Tras resultar herido en combate, este soldado español dedicó su vida a seguir a Jesucristo. Junto a seis amigos fundó la Compañía para enseñar a otros cómo seguir a Jesús. A los jesuitas se les ha llamado "soldados de Dios". Como los soldados, están dispuestos a ir allá donde se les necesite para compartir su fe.

La Salle era un buen estudiante. Quería saber más sobre los lugares que visitaban los exploradores. También deseaba verlos con sus propios ojos.

A los 17 años La Salle decidió hacerse sacerdote. Muchos creen que lo hizo atraído por la promesa de recorrer el mundo. A los sacerdotes católicos se les enviaba por todo el mundo para extender el cristianismo. El hermano mayor de La Salle, Jean, también era sacerdote. Lo habían enviado a Nueva Francia como misionero. En 1667 La Salle siguió sus pasos.

Un misionero predica ante los comerciantes y los indígenas.

Tierras salvajes

La Salle llegó a Nueva Francia y se encontró con su hermano, Jean, que era misionero en Montreal. Montreal era un pequeño **puesto de avanzada** ubicado en una isla del río San Lorenzo. En esa tierra vivían desde hacía mucho tiempo numerosas tribus de indígenas americanos. Los franceses reclamaron esta tierra. Fundaron una misión, un hospital y un **seminario**. Un seminario es una escuela para sacerdotes.

Montreal creció despacio por su ubicación **remota** y los numerosos ataques de los indígenas americanos. Era el lugar más peligroso de Nueva Francia. Los sacerdotes vendían las tierras a precios bajos. Esperaban que la llegada de colonos franceses redujera los ataques de los indígenas americanos.

A La Salle se le adjudicó un territorio cerca de lo que hoy llamamos los rápidos de Lachine. Empezó a limpiarlo para el cultivo. Pretendía alquilar tierras a los agricultores para costearse los viajes. La Salle era distinto a los otros colonos de Montreal. Los sacerdotes querían convertir a los nativos al cristianismo. Los comerciantes de pieles querían, enriquecerse. La Salle ansiaba aventuras mucho más que convertir o enriquecerse.

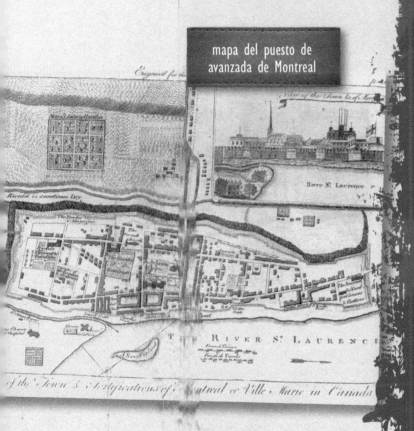

mapa del puesto de avanzada de Montreal

9

Un sueño decadente

En 1642, 21 personas se mudaron de Francia a la isla de Montreal. Soñaban con crear una comunidad católica ideal. Construyeron un fuerte al que llamaron *Ville-Marie*. Pero en la década de 1650 los frecuentes ataques de los indígenas americanos casi pusieron fin a su sueño. Querían que más europeos se asentaran en la zona. Así que cedieron a La Salle un terreno grande junto a la ciudad.

Plan de negocios

La Salle necesitaba dinero para sus **expediciones**. El comercio de pieles era el mejor negocio en Nueva Francia. La Salle decidió prosperar como comerciante de pieles.

Éxito en el Nuevo Mundo

La Salle quería tener éxito como comerciante de pieles en Nueva Francia. Pero sabía que debía trabar amistad con los indígenas americanos de la zona. Eran los mejores tramperos. Sabían dónde encontrar los animales de cuyas **pieles** había gran demanda. Vendían las pieles a cambio de **baratijas**, armas de fuego y alcohol. La Salle aprendió las lenguas de varias tribus amistosas. Esto le ayudó a hablar con los tramperos.

Indígenas americanos venden pieles de castor a los comerciantes.

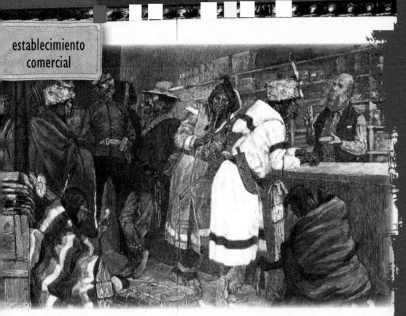

establecimiento comercial

Lachine

Muchos habitantes de Nueva Francia detestaban a La Salle. Se burlaban de su idea de llegar a la China por mar. Dieron a su asentamiento el sobrenombre dejunto *La Chine cerca de Montreal*, que es la China en francés. Hoy se llama *Lachine*.

raquetas

Mundo salvaje

En Nueva Francia La Salle aprendió técnicas de sobrevivencia rápidamente. En verano se frotaba con grasa de oso para alejar a los mosquitos. En invierno fabricaba raquetas para la nieve y las usaba para explorar los bosques. También llevaba **mocasines** y pantalones de piel de ciervo típicos de los indígenas en sus caminatas.

En sus tierras, La Salle construyó un fortín y un **establecimiento comercial**. Estaba bien ubicado para que los tramperos echaran al agua sus canoas en el río San Lorenzo. Desde ahí remaban hacia las zonas salvajes. En ellas encontraban muchos animales. La Salle pagaba a los tramperos y comerciantes por las pieles de animales. Pronto muchos hombres trabajaban para él. Su negocio prosperó.

La Salle oyó hablar de un río grande que desembocaba en el mar. Lo llamaban el río Ohio. La Salle pensó que llevaría al golfo de California. Se equivocaba. Los franceses buscaban una ruta por el agua hasta la China, cruzando Norteamérica. La Salle soñaba con realizar este descubrimiento para Francia.

La primera expedición
Un sueño hecho realidad

La Salle deseaba iniciar su primera expedición. Vendió sus tierras para abastecerse de lo necesario. Compró alimento, armas de fuego y cuatro canoas grandes. La Salle también contrató a 22 hombres indígenas americanos de la tribu séneca como guías. También se les unió un grupo de misioneros.

La Salle

El 6 de julio de 1669 la expedición partió de Montreal en busca de una vía fluvial hacia el océano. Remaron corriente arriba a lo largo del río San Lorenzo. Los árboles caídos y las rocas a menudo les obligaban a llevar las canoas por tierra. Esto se llamó *transporte por tierra*. El viaje era lento y difícil.

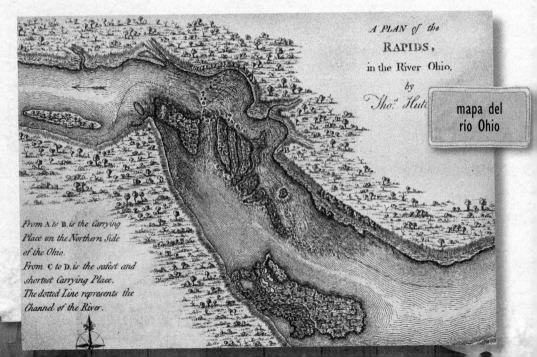

mapa del río Ohio

Indígenas americanos viajan por el río Ohio a la luz de la luna.

En agosto llegaron al lago Ontario. Remaron a lo largo de la costa y conocieron a muchos indígenas americanos amistosos. Una tribu le entregó a La Salle un **cautivo** llamado Nika. Nika y La Salle se hicieron muy amigos. Ese invierno los hombres acamparon junto al lago.

En la primavera llegaron al río Ohio. El río estaba lleno de rocas, **remolinos** y cascadas. El frecuente transporte por tierra hizo que el viaje resultara duro. También había serpientes y mosquitos. Los hombres querían volver, pero La Salle se negó.

Finalmente, una enorme cascada interrumpió la expedición. Una noche los hombres se marcharon y dejaron solos a La Salle y Nika.

Amigos hasta el fin

Nika era un indígena americano de la tribu shawnee al que habían hecho prisionero los iroqueses. Estos se lo entregaron a La Salle como regalo. La Salle y Nika pronto se hicieron amigos. Aprendieron la lengua del otro y conversaban mucho mientras caminaban.

Cuando su tripulación los abandonó, La Salle y Nika colaboraron para sobrevivir. Cazaban, tendían trampas y **recolectaban** alimento. En el invierno de 1671 finalmente regresaron a salvo a Montreal. Siguieron siendo amigos durante el resto de sus vidas.

Desde el poder

La Salle regresó a Montreal. Allí conoció al nuevo gobernador de Nueva Francia, Louis de Buade, Conde de Frontenac. Tenía el mismo sueño que La Salle. Ambos querían encontrar una vía fluvial hacia el océano.

En 1673 una expedición dirigida por los franceses Jacques Marquette y Louis Joliet llegó al río Misisipi. Descubrieron que el inmenso río desembocaba en el océano.

La Salle y Frontenac idearon un plan para reclamar esa vía para Francia. Construirían fuertes en puntos estratégicos del río. Esto permitiría a los franceses controlar el comercio de pieles del continente. También impediría que los colonos ingleses y españoles se desplazaran hacia el oeste.

la expedición del padre Jacques Marquette y Louis Joliet

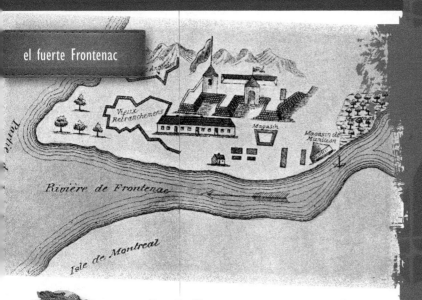

el fuerte Frontenac

La Salle propuso construir el primer fuerte en el lago Ontario, junto al río San Lorenzo. El rey de Francia puso a La Salle a cargo del nuevo fuerte, llamado el *fuerte Frontenac*. La Salle regresó a Nueva Francia para dirigir la construcción. El fuerte tenía tierras de labranza y una iglesia. Al mando del fuerte, La Salle se convirtió en uno de los hombres más ricos y poderosos de Nueva Francia.

Frontenac

Una historia de éxito

En 1673 Frontenac envió una expedición a buscar una vía fluvial hacia el oeste. La dirigían el sacerdote francés Jacques Marquette y un trampero francés llamado Louis Joliet.

Marquette y Joliet siguieron vías fluviales desde Montreal hasta el lago Michigan. Desde allí remaron río arriba por el río Fox y cruzaron el lago Winnebago. En un mes habían encontrado el río Wisconsin, que los llevó al inmenso Misisipi. Descubrieron que el Misisipi discurría hacia el sur hasta el golfo de México. ¡Habían encontrado una vía fluvial que cruzaba Norteamérica hasta el océano!

La segunda expedición
Una nueva aventura

Su cargo en el fuerte Frontenac había convertido a La Salle en un hombre rico y poderoso. Sin embargo, tenía ansias de aventura. En 1677 empezó a planear su segunda expedición. Esta vez quería explorar el río Misisipi. Quería reclamar más tierras para Francia.

La Salle viajó a Francia para obtener el **permiso** del rey Luis XIV. Este se reunió con personas importantes de Francia. Todos pensaban que La Salle era inteligente y sensato. Así que el rey dio permiso a La Salle para explorar el río y construir fuertes en su trayecto.

En 1678 La Salle volvió a Nueva Francia. Tenía hierro, velas y sogas para construir un barco para el viaje. También se llevó a un grupo de constructores de barcos. Un nuevo amigo lo acompañó. Henri de Tonti había sido oficial del ejército italiano. Sería el **segundo de a bordo** de La Salle.

La Salle pide permiso al rey Luis XIV para explorar el río Misisipi.

Tonti supervisó la construcción del buque en el río Niágara, junto al lago Erie. Los constructores trabajaron durante el frío invierno. En el verano de 1679 el barco estaba listo para su primer viaje. La Salle lo llamó el *Grifo*.

dibujo del *Grifo*

la construcción del *Grifo*

¿Qué es un grifo?

Un grifo es un ser mitológico con alas y cabeza de águila y cuerpo de león. El **blasón** de la familia de Frontenac tenía la imagen de un grifo.

Poderes mágicos

El *Grifo* se construyó en el río Niágara con madera de los árboles de la zona. Fue el primer barco comercial que navegó en el lago Erie. Los indígenas americanos que lo veían se sorprendían de su tamaño y sus enormes velas. Pensaban que los hombres que habían construido un barco tan extraordinario debían tener poderes mágicos.

Levando anclas

El 7 de agosto de 1679 La Salle emprendió su segunda expedición. En su tripulación estaban Tonti, Nika y un misionero francés, el padre Louis Hennepin. En el *Grifo* recorrieron de punta a punta los lagos Erie, Ontario y Hurón. El barco llegó a la bahía *Green,* en la costa oeste del lago Michigan, en septiembre.

Allí la tripulación se reunió con un grupo de comerciantes de La Salle. Estos hombres tenían pieles para vender en Montreal. La Salle necesitaba dinero para pagar sus deudas. Así que envió a los hombres con las pieles a casa en el *Grifo.* Les indicó que se unieran a la expedición lo antes posible.

La Salle en las cataratas del Niágara

La Salle y 14 hombres continuaron el viaje en canoa. Cruzaron el lago Michigan, en medio de fuertes tormentas. Finalmente alcanzaron el río Saint Joseph, en el extremo sur del lago. Construyeron un **primitivo** fuerte con troncos. Lo llamaron el fuerte Saint Joseph.

En este tiempo La Salle se dio cuenta de que el *Grifo* no regresaría. Algunos pensaban que una tormenta lo habría hundido. Otros creían que la tripulación había robado las pieles y hundido el barco. Hasta la fecha no se ha encontrado ni rastro del *Grifo*, su mercancía o su tripulación.

El padre Hennepin en una canoa.

Diario de a bordo

El padre Louis Hennepin era un misionero católico. Como La Salle, tenía ansias de aventura y de la gloria de los descubrimientos. Se embarcó en la segunda expedición de La Salle y luego escribió un libro sobre el viaje. Fue el primer europeo que escribió sobre las cataratas del Niágara.

Condiciones extremas

Hoy se sigue conociendo al lago Michigan por su tiempo impredecible. Remar por sus aguas es peligroso. La Salle y su tripulación sufrieron los embates del viento y de las olas, que los empujaban hacia la playa. Durmieron en el frío suelo de la costa y buscaron calabazas y maíz para alimentarse.

Mala suerte de nuevo

Durante el invierno de 1679 La Salle y sus hombres continuaron la búsqueda del río Misisipi. Remaron río arriba por el Saint Joseph. Transportaron sus canoas por tierra durante cinco millas (8 km) hasta el río Kankakee. Desde allí remaron hacia el río Illinois.

La tripulación de La Salle tenía frío, cansancio y estaba deprimida. Cuando remaban río abajo por el Illinois llegaron a un poblado de indígenas americanos. La tribu recibió a los hombres con un festín y les dio cobijo.

La Salle y sus hombres reciben alimento y cobijo de los indígenas americanos de Illinois.

el fuerte Crèvecoeur

Por los pelos

No solo muchos hombres desertaron, sino que parece que uno de ellos intentó matar a La Salle. Según Tonti, alguien envenenó la comida de La Salle. Estuvo al borde de la muerte. Por fortuna tenía medicamentos de Francia que le salvaron la vida.

Seguridad ante todo

El fuerte Crèvecoeur se construyó para proteger a los franceses. La madera de sus muros tenía un grosor de 12 pulgadas (30 cm). Tres pies (91 cm) de muro estaban bajo tierra y este medía 25 pies (8 m) de alto. Dentro había una **forja**. Una forja es un taller donde se fabrican herramientas y armas de metal. También había un **arsenal** de armas y municiones.

Varios días después La Salle descubrió que seis de sus hombres habían **desertado** de la expedición. Esto y el clima invernal interrumpieron el viaje. Los hombres empezaron a construir un fuerte. La Salle lo llamó el *fuerte Crèvecoeur*, la palabra francesa para "desolado".

En la primavera La Salle dividió a los hombres en tres grupos. El padre Hennepin dirigió a un grupo en busca del río Misisipi. Tonti se quedó en el fuerte con otro grupo para construir un nuevo barco. La Salle, Nika y otros cuatro volvieron al fuerte Frontenac para abastecerse.

La Salle y sus hombres soportaron otra caminata a través de la nieve y el hielo. Mientras, hubo un **motín** en el fuerte Crèvecoeur. ¡Y el padre Hennepin fue capturado por los indígenas americanos!

Al fin, el éxito

En 1681 La Salle partió de nuevo hacia el río Misisipi. La expedición llegó al Misisipi en febrero. Mientras remaban hacia el sur el tiempo mejoró. El alimento abundaba y los hombres estaban animados. Trabaron amistad con tribus de indígenas americanos. Y vieron animales nuevos, como los caimanes.

En abril de 1682 La Salle llegó al fin al golfo de México. Reclamó la zona para Francia. La llamó *Luisiana* en honor del rey Luis XIV. La Salle regresó a Nueva Francia y entró en conflicto con el nuevo gobernador. Puso rumbo a Francia para obtener la ayuda del rey.

La Salle anexiona Luisiana a Francia.

Problemas en casa

El nuevo gobernador de Nueva Francia tomó las propiedades de La Salle y puso a otra persona a cargo de los fuertes que él había construido. La Salle pidió ayuda a Luis XIV. El rey le devolvió el control a La Salle y lo nombró gobernador del nuevo territorio de Luisiana.

Oro y avaricia

Era bien sabido que los españoles habían hallado oro y plata en México. El rey Luis XIV quería esas riquezas para sí. El fuerte del golfo debería construirse cerca de México, que era territorio español. Desde allí los franceses podrían apoderarse de las minas de oro y plata españolas.

En noviembre Francia estaba a punto de iniciar la guerra contra España. Al rey Luis XIV le alegró que La Salle trajera noticias de la anexión del río Misisipi. Le gustó el plan de La Salle de construir un fuerte en la desembocadura del río y asentamientos franceses a lo largo de él. También le gustó la idea de formar **alianzas** con los indígenas de la zona contra los españoles. Luis XIV envió a La Salle de vuelta a Nueva Francia con cuatro barcos, unos 150 soldados y muchos colonos.

Desembarco en Texas

En el verano de 1684 La Salle dirigió su quinta expedición. Cuatro barcos partieron de Francia hacia el golfo de México. Buscaron el río Misisipi durante semanas. La Salle envió a unos hombres a explorar la costa de Texas en Cedar Bayou. En febrero de 1685 los buques entraron en la bahía de Matagorda, en la costa de Texas. Se encontraban a 500 millas (805 km) del río.

Los 200 tripulantes de La Salle lo pasaron mal en Texas. Los españoles habían tomado uno de los barcos de La Salle y otro se hundió. Los alimentos, las herramientas y las armas que llevaba el barco también se hundieron.

la expedición de La Salle en el golfo de México

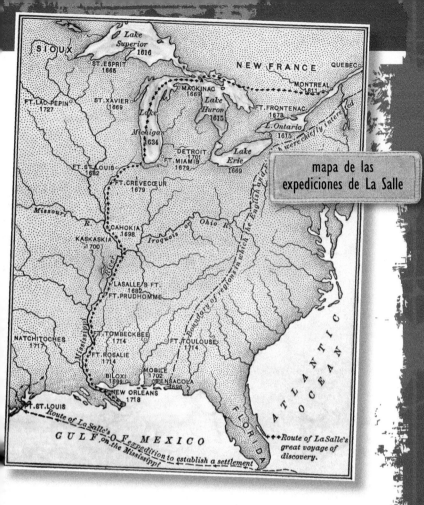

mapa de las expediciones de La Salle

¿Dónde estaba Tonti?

Tonti no participó en la expedición final de La Salle. Dirigió su propia expedición a la bahía de Matagorda tres años después. No halló a ningún sobreviviente en este asentamiento.

¿El fuerte Saint Louis?

La gente siempre ha llamado al fuerte de La Salle en Texas el fuerte *Saint Louis*. Pero los historiadores han descubierto hace poco que La Salle y sus hombres nunca lo llamaron así. Este nombre se le dio al fuerte después de la desaparición del asentamiento.

La triste tripulación acampó en la costa pantanosa entre las ciudades actuales de Galveston y Corpus Christi. Enfermaron a causa del alimento en mal estado y el agua **salobre** o salada. También había indígenas americanos **hostiles** en la zona. Muchas personas murieron en los dos primeros años de asentamiento. Además, el único barco que quedaba, *La Belle*, naufragó el año siguiente en una tormenta.

Final trágico

La Salle pasó la mayor parte de 1685 y 1686 lejos del fuerte de Texas. Exploraba la zona y buscaba el río Misisipi. En una expedición, La Salle viajó hacia el este y conoció a los indígenas tejas y caddo. Se enteró de que el Misisipi estaba al este. Entonces decidió buscarlo.

En enero de 1687 La Salle y 20 hombres emprendieron el viaje hacia el enorme río. Las mujeres, los niños y los minusválidos se quedaron en el fuerte. Los indígenas americanos karankawa atacaron y destruyeron el fuerte. Mataron a los adultos y adoptaron a los niños.

La Salle y sus hombres se encuentran con un grupo caddo.

La Salle no caía bien a muchos de sus hombres. Tras una pelea dos de ellos planearon matarlo. Al día siguiente, Pierre Duhaut disparó y mató a La Salle. La Salle tenía 43 años.

La vida de La Salle terminó en tragedia, pero su herencia sigue viva. Sus alianzas con los indígenas americanos ayudaron a los franceses a sobrevivir en Norteamérica. Muchos le atribuyen a La Salle el asentamiento europeo en Texas y el sudoeste estadounidense.

La Salle es asesinado.

Los Talon

Lucien e Isabelle Talon y sus hijos eran tripulantes de La Salle en Texas. Isabelle dio a luz a seis hijos durante la expedición. Ya en Texas, Lucien desapareció en el bosque y nunca más se supo de él.

Pierre, el hijo mayor, se unió al último viaje de La Salle. Después de que mataran a La Salle Pierre fue adoptado por un grupo caddo. Cuando un grupo karankawa asaltó el campamento los atacantes se llevaron a los hijos de los Talon. Cuando rescataron a los niños tres años después, tenían tatuajes indígenas en el cuerpo y la cara.

Los arqueólogos sacan los restos de *La Belle*.

Desenterrando la historia de Texas

En 1687 el último barco de la expedición de La Salle, *La Belle*, naufragó en una tormenta. Se hundió en el fondo de la bahía de Matagorda, cerca de la costa de Texas. Casi 300 años después, unos **arqueólogos** decidieron buscar el barco hundido. Los arqueólogos estudian cosas y a personas del pasado. Tratan de descubrir cómo vivía la gente.

Los arqueólogos usaron herramientas para detectar el metal y otros objetos en el fondo de la bahía. Hallaron varios naufragios, pero no *La Belle*. Al fin, en 1995, emprendieron la búsqueda del barco de La Salle por última vez... y lo encontraron.

Al principio dudaban de que fuese *La Belle*. Hubo muchos naufragios en la costa de Texas. Luego encontraron balas de mosquete. Son balas de armas de hace 150 años. También hallaron un cañón grande con el blasón del rey Luis XIV. Tras reunir las pruebas, descubrieron que al fin habían hallado *La Belle*.

Tumba acuática

Los arqueólogos no esperaban encontrar muchos restos del naufragio. La madera se pudre en el agua. Pero los estudiosos descubrieron que el barro había cubierto y **conservado** el barco. Hasta encontraron barriles cuyo contenido estaba igual que cuando la tripulación los cargó.

Ataguía

Como *La Belle* estaba enterrada bajo el agua, los arqueólogos construyeron muros y una presa alrededor. La construcción, que se llama *ataguía*, aísla la excavación del agua. En los ocho meses siguientes, los arqueólogos sacaron los restos de *La Belle* para saber más sobre la expedición de La Salle.

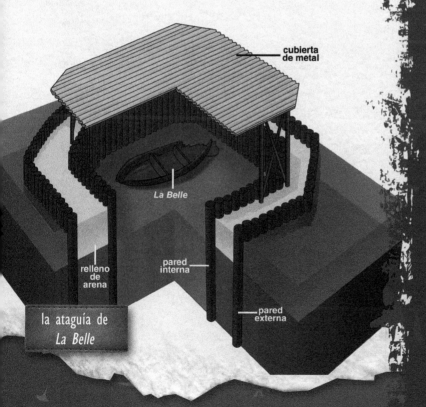

cubierta de metal

La Belle

relleno de arena

pared interna

pared externa

la ataguía de La Belle

Glosario

alianzas: asociaciones de grupos que están de acuerdo en cooperar para lograr objetivos comunes

arqueólogos: investigadores que estudian culturas y pueblos antiguos

arsenal: reserva de algo para los tiempos de escasez

baratijas: objetos pequeños de poco valor

blasón: diseño, normalmente en un escudo, que pertenece a una familia

cautivo: persona retenida contra su voluntad; prisionero

conservado: protegido o mantenido sin daño

desertado: marchado sin permiso

establecimiento comercial: tienda en un lugar remoto donde se realiza el trueque o se comercia

expediciones: viajes realizados con un propósito específico, especialmente para explorar

forja: taller donde se fabrican objetos de metal

hostiles: muy poco amigables

jesuitas: orden religiosa católica romana dedicada a las misiones y la educación

misioneros: gente que comparte su fe religiosa con los demás, especialmente en otros países

mocasines: zapatos de piel suave sin tacón

motín: rebelión contra la autoridad legal

permiso: consentimiento para hacer algo

pieles: pellejo de animal con el pelo todavía unido

primitivo: de diseño muy tosco

puesto de avanzada: asentamiento en la frontera o la lejanía

recolectaban: buscaban alimento

remolinos: movimientos en los ríos en los que la corriente cambia y gira

remota: alejada de la civilización o las poblaciones

renacimiento: nuevo interés o regreso a la vida

salobre: salada

segundo de a bordo: persona por debajo del primero de a bordo

seminario: centro de estudios para sacerdotes

transporte por tierra: llevar los barcos por tierra

Índice

ataguía, 29

bahía de Matagorda, 24–25, 28

caddo, 26–27

Canadá, 5

Cartier, Jacques, 5

cataratas del Niágara, 18–19

Cavelier, Jean, 5

Cavelier, René-Robert, 4–5

Cedar Bayou, 24

Champlain, Samuel de, 5

Conde de Frontenac, 14–15, 17

Corpus Christi, 25

Duhaut, Pierre, 27

fuerte Crèvecoeur, 21

fuerte Frontenac, 15–16, 21

fuerte Saint Joseph, 19

fuerte Saint Louis, 25

Galveston, 25

Grifo, 17–19

golfo de California, 11

golfo de México, 15, 22, 24

Hennepin, padre Louis, 18–19, 21

Ignacio de Loyola, 7

iroqués, 13

jesuita, 6–7

Joliet, Louis, 14–15

karankawa, 26–27

La Belle, 25, 28–29

Lachine, 9, 11

lago Erie, 17–18

lago Hurón, 18

lago Michigan, 15, 18–19

lago Ontario, 13, 15, 18

Luis XIV, 16, 22–23, 29

Luisiana, 22–23

Marquette, Jacques, 14

Montreal, 8–9, 11–15, 18

Nika, 13, 18, 21

Nueva Francia, 5, 7–11, 14–16, 23

río Illinois, 20

río Misisipi, 14–16, 20–24, 26

río Ohio, 20

río San Lorenzo, 8, 11–12, 15

río Sena, 4

Ruan, Francia, 4–6

séneca, 12

shawnee, 13

Talon, Isabelle, 27

Talon, Lucien, 27

Texas, 24–29

Tonti, Henri de, 16–18, 21, 25

Ville-Marie, 9

¡Es tu turno!

La Salle necesitaba un barco para explorar el río Misisipi. De Francia trajo a unos constructores de barcos y también los materiales necesarios. Los constructores trabajaron en el frío invierno para terminarlo. En el verano de 1679 el barco, llamado el *Grifo*, estaba listo para navegar. Fue el primer buque que navegó en los Grandes Lagos. Los indígenas americanos que vieron el *Grifo* pensaron que sus constructores debían de tener poderes mágicos.

El mágico Grifo

Escribe una descripción detallada del *Grifo* desde el punto de vista de un indígena americano que lo ve junto a la costa del lago Michigan. En la descripción, usa símiles y metáforas que puedan haber tenido sentido para los indígenas americanos.